Impressum
Verlag: BABADADA GmbH, Nedderfeld 112 , 22529 Hamburg
Geschäftsführer / Verlagsleitung: Harald Hof
Druck: Books on Demand GmbH, In de Tarpen 42, 22848 Norderstedt

Imprint
Publisher: BABADADA GmbH, Nedderfeld 112 , 22529 Hamburg, Germany
Managing Director / Publishing direction: Harald Hof
Print: Books on Demand GmbH, In de Tarpen 42, 22848 Norderstedt, Germany

school
School

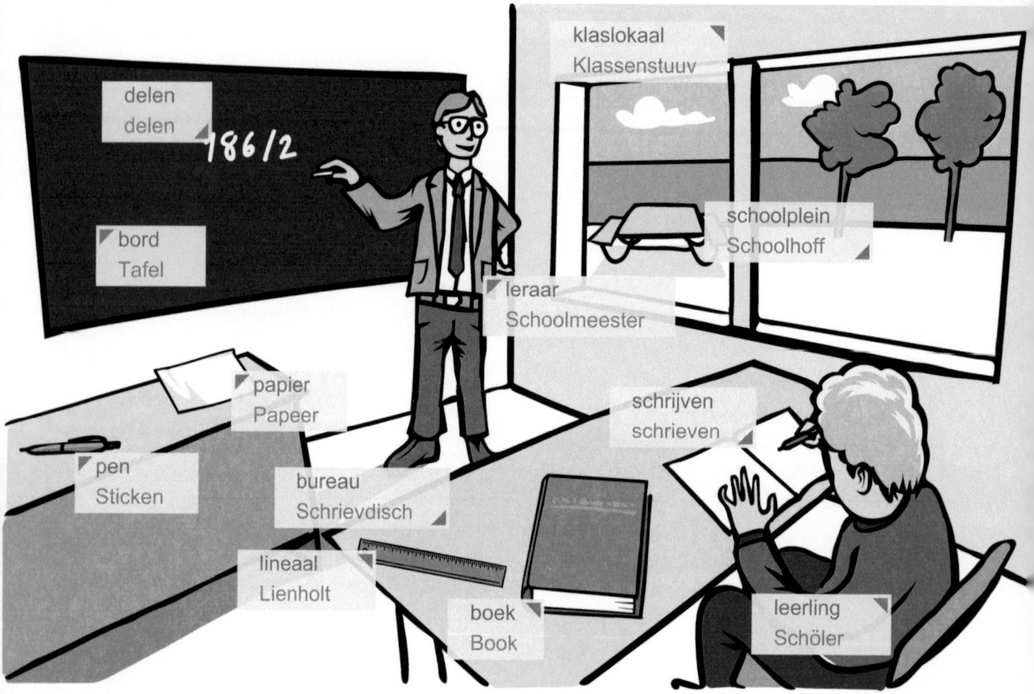
klaslokaal
Klassenstuuv
delen
delen
186/2
bord
Tafel
schoolplein
Schoolhoff
leraar
Schoolmeester
papier
Papeer
schrijven
schrieven
pen
Sticken
bureau
Schrievdisch
lineaal
Lienholt
boek
Book
leerling
Schöler

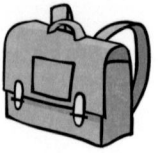

schooltas

Ranzel

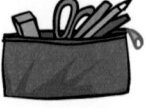

etui

Feddermapp

potlood

Bleesticken

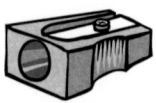

puntenslijper

Scharpmaker

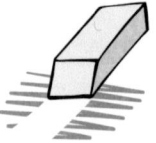

gum

Radeergummi

schetsblok

Tekenblock

tekening

Teken

penseel

Pinsel

verfdoos

Malkassen

schaar

Scheer

lijm

Klever

schrift

Heft to'n Öven

huiswerk

Huusopgaav

getal

Tall

optellen

tohooptellen

aftrekken

aftrecken

vermenigvuldigen

malnehmen

rekenen

reken

letter

Bookstaav

alfabet

ABC

hello

woord

Woort

tekst

Text

lezen

lesen

krijt

Kried

les

Stunn

klassenboek

Klassenbook

examen

Pröven

diploma

Tüügnis

schooluniform

Schooluniform

opleiding

Utbillen

encyclopedie

Nakieksel

universiteit

Universität

microscoop

Mikroskop

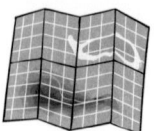

kaart

Koort

prullenmand

Papeerkorf

reis
Törn

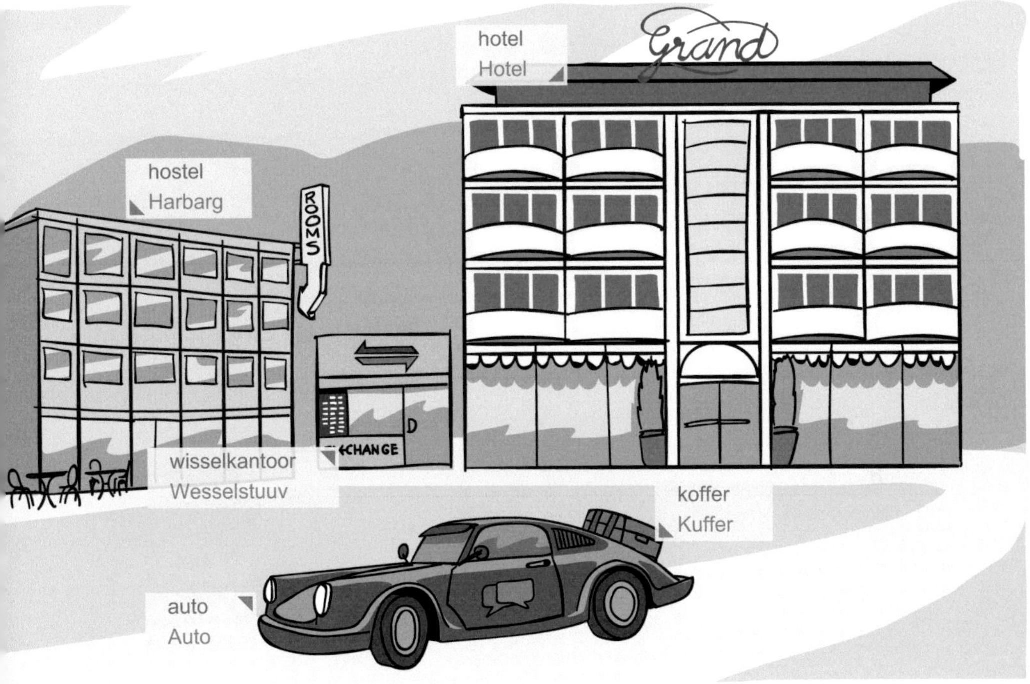

hotel
Hotel
Grand
hostel
Harbarg
ROOMS
wisselkantoor
Wesselstuuv
koffer
Kuffer
auto
Auto

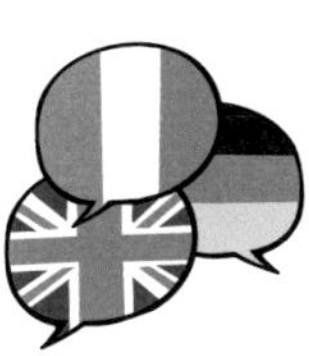

taal
Spraak

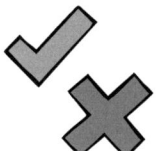

ja / nee
jo / ne

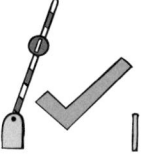

oké
Jo

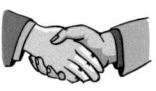

Hallo!
Moin

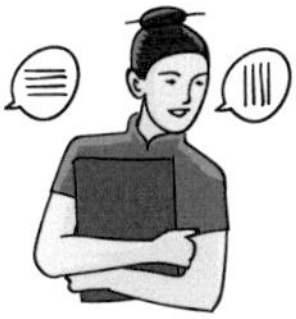

tolk
Översetter

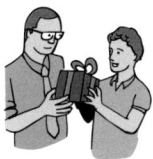

Bedankt.
Dank ok

Wat kost ...?

Wat kost…?

Ik begrijp het niet.

Ik verstah nich

probleem

Problem

Goedenavond!

Goden Avend

Goedemorgen!

Moin!

Goedenacht!

Gode Nacht!

Tot ziens!

Tschüüs

richting

Richt

bagage

Bagaasch

tas

Tasch

rugzak

Rüchsack

gast

Gast

kamer

Stuuv

slaapzak

Slaapsack

tent

Telt

VVV-kantoor

Touristeninformatschoon

strand

Strand

creditkaart

Kreditkoort

ontbijt

Fröhstück

lunch

Meddageten

diner

Avendeten

kaartje

Fohrkort

lift

Fohrstohl

postzegel

Breefmark

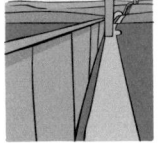

grens

Grenz

douane

Toll

ambassade

Bottschop

visum

Visum

paspoort

Pass

transport
Transport

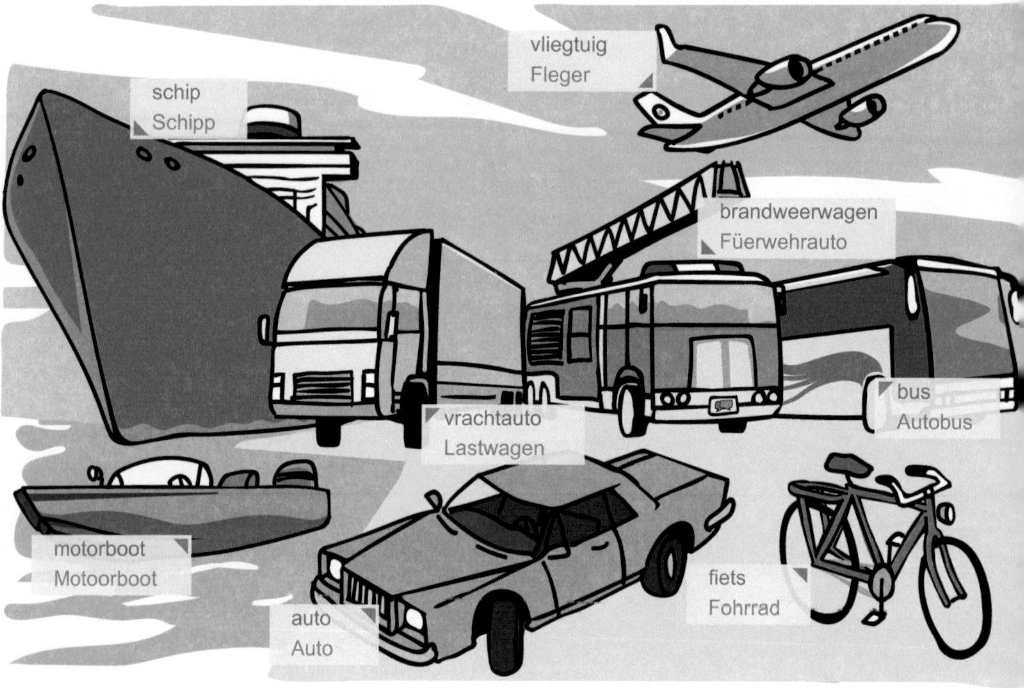
vliegtuig
Fleger
schip
Schipp
brandweerwagen
Füerwehrauto
bus
Autobus
vrachtauto
Lastwagen
motorboot
Motoorboot
fiets
Fohrrad
auto
Auto

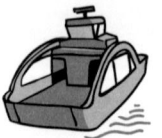

veerboot

Fähr

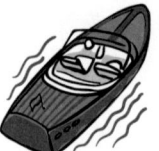

boot

Boot

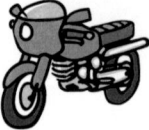

motorfiets

Motoorrad

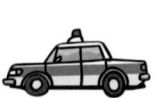

politiewagen

Polizeiauto

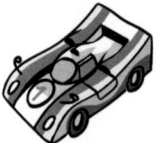

raceauto

Rönnauto

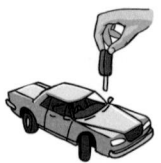

huurauto

Lehnwagen

carsharing

Carsharing

takelwagen

Afsleepwagen

vuilniswagen

Müllauto

motor

Motoor

benzine

Kraftstoff

benzinepomp

Tanksteed

verkeersbord

Verkehrsschild

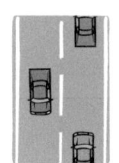

verkeer

Verkehr

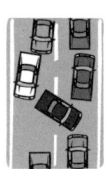

file

Stau

parkeerplaats

Afstellplatz

station

Bahnhoff

rails

Sporen

trein

Tog

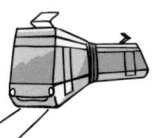

tram

Stratenbahn

wagon

Wagon

helikopter

Dwarsmöhl

luchthaven

Flooghaven

toren

Tower

passagier

Fohrgast

container

Grootkist

verhuisdoos

Karton

kar

Koor

mand

Korf

opstijgen / landen

starten / lannen

stad
Stadt

dorp

Dörp

stadscentrum

Binnenstadt

huis

Huus

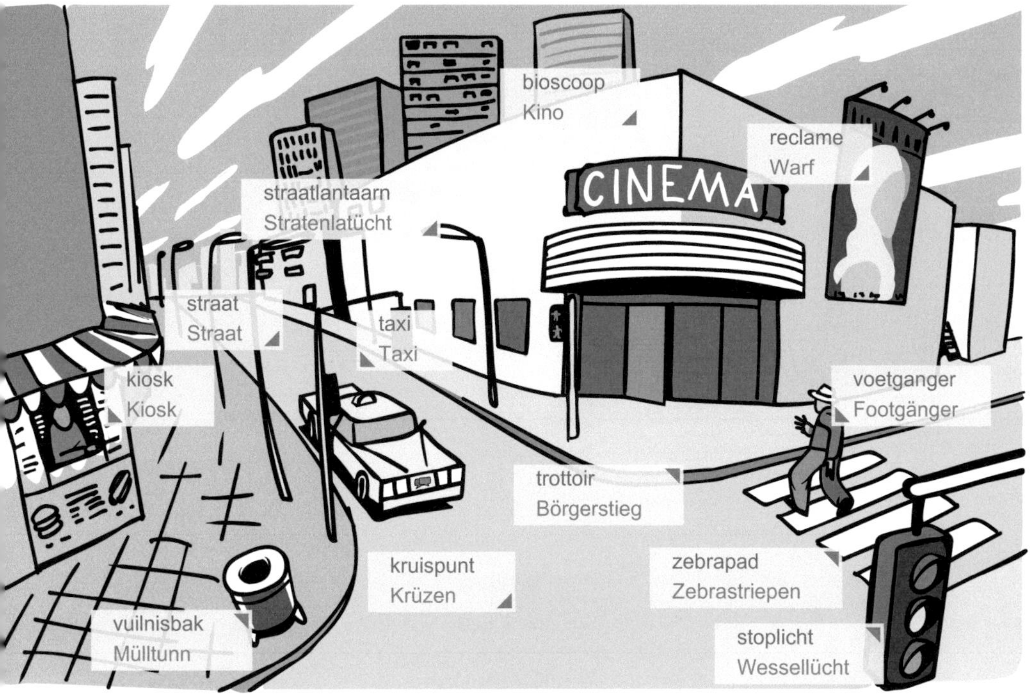

bioscoop
Kino

reclame
Warf

straatlantaarn
Stratenlatücht

CINEMA

straat
Straat

taxi
Taxi

kiosk
Kiosk

voetganger
Footgänger

trottoir
Börgerstieg

kruispunt
Krüzen

zebrapad
Zebrastriepen

vuilnisbak
Mülltunn

stoplicht
Wessellücht

hut

Hütt

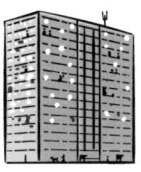

appartement

Wahnung

station

Bahnhoff

stadhuis

Raathuus

museum

Museum

school

School

universiteit

Universität

bank

Bank

ziekenhuis

Krankenhuus

hotel

Hotel

apotheek

Afteek

kantoor

Büro

boekenwinkel

Bookhökerie

winkel

Hökerie

bloemenwinkel

Blomenhökerie

supermarkt

Supermarkt

markt

Markt

warenhuis

Koophuus

visboer

Fischhökerie

winkelcentrum

Inkoopszentrum

haven

Haven

park

Parkanlaag

bank

Bank

brug

Brüch

trap

Trepp

metro

Ünnergrundbahn

tunnel

Tunnel

bushalte

Busstoppsteed

bar

Bar

restaurant

Spieslokal

brievenbus

Breefkassen

straatnaambord

Stratenschild

parkeermeter

Parkklock

dierentuin

Deertenpark

zwembad

Baadanstalt

moskee

Moschee

boerderij	vervuiling	begraafplaats
Buernhoff	Ümweltversmudden	Karkhoff

kerk	speelplaats	tempel
Kark	Speelplatz	Tempel

landschap
Landschop

blad
Blatt

wegwijzer
Wiespahl

weg
Weg

weide
Wisch

steen
Steen

boom
Boom

wandelaar
Wannerer

rivier
Fluss

gras
Gras

bloem
Bloom

vallei

Daal

berg

Barg

meer

See

bos

Holt

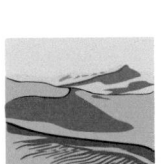

woestijn

Wööst

vulkaan

Füerspien Barg

kasteel

Slott

regenboog

Regenbagen

paddenstoel

Poggenstohl

palmboom

Palm

mug

Steekmück

vlieg

Fleeg

mier

Miegeemk

bij

Imm

spin

Spinn

kever

Sebber

kikker

Pogg

eekhoorn

Katteker

egel

Swienegel

haas

Haas

uil

Uul

vogel

Vagel

zwaan

Swaan

wild zwijn

Wildswien

hert

Hirsch

eland

Elk

stuwdam

Staudamm

windmolen

Windrad

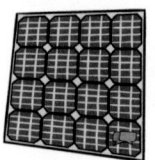

zonnepaneel

Solarmodul

klimaat

Klima

restaurant
Spieslokal

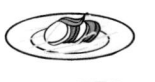

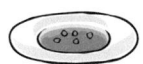

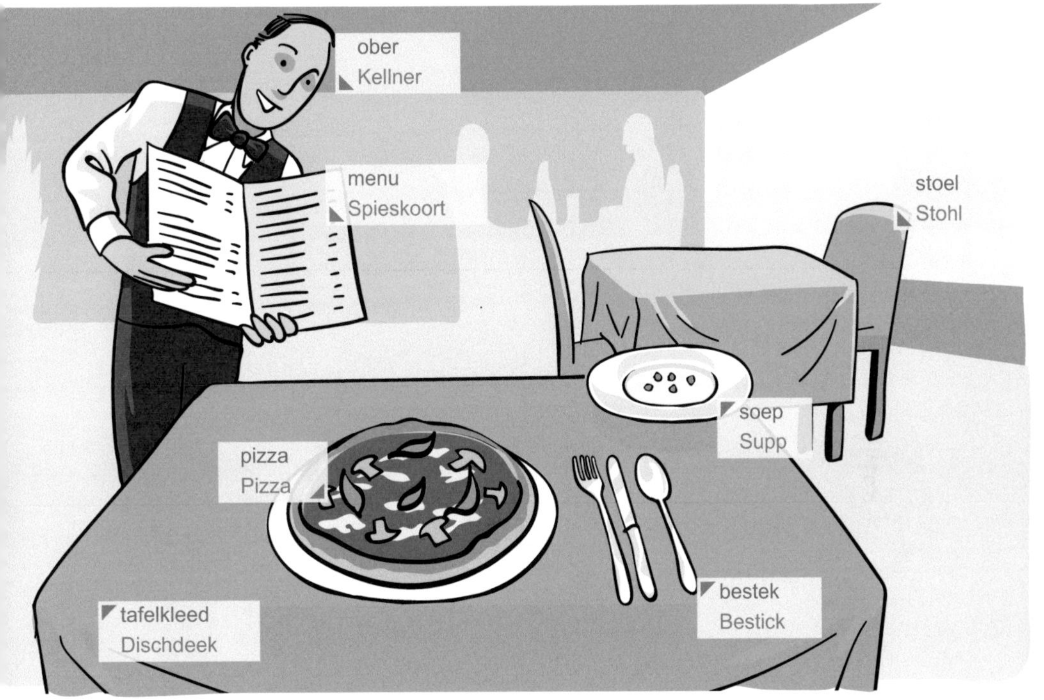
ober
Kellner
menu
Spieskoort
stoel
Stohl
soep
Supp
pizza
Pizza
bestek
Bestick
tafelkleed
Dischdeek

voorgerecht

Vörspies

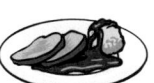

hoofdgerecht

Haupteten

toetje

Nadisch

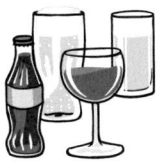

dranken

Drünk

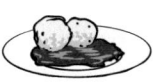

eten

Eten

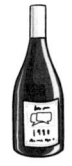

fles

Buddel

fastfood
Fastfood

eetkraampje
Strateneten

theepot
Teekann

suikerpot
Zuckerdoos

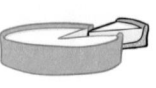

portie
Portschoon

espressomachine
Espressomaschien

kinderstoel
Hoochstohl

rekening
Reken

dienblad
Tablett

mes
Mess

vork
Gavel

lepel
Lepel

theelepel
Teelepel

servet
Munddook

glas
Glas

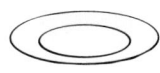

bord

Töller

soepbord

Suppentöller

schotel

Ünnertass

saus

Sooß

zoutvaatje

Soltstreuer

pepermolen

Pepermöhl

azijn

Etig

olie

Ööl

kruiden

Krüder

ketchup

Ketchup

mosterd

Mostrich

mayonaise

Mayonnaise

supermarkt

Supermarkt

aanbieding
Anbott
FOR
klant
Kunn
zuivelproducten
Melkprodukten
fruit
Aaft
winkelwagen
Inkoopswagen

BUTCHERS

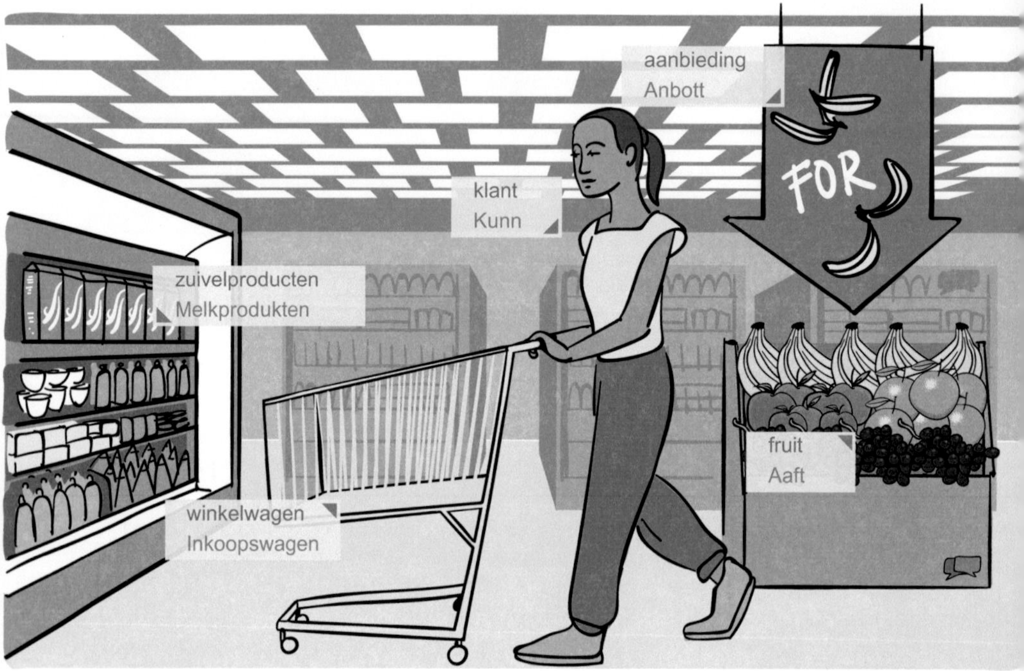

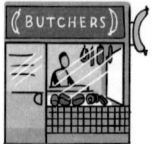

slager

Slachterie

BAKERY

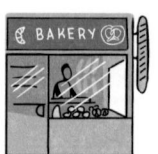

bakkerij

Bäckerie

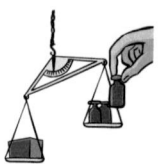

wegen

wegen

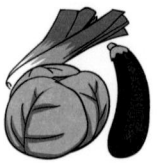

groente

Gröönsaken

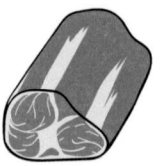

vlees

Fleesch

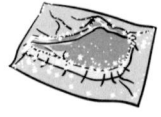

diepvriesproducten

Deepköhlkost

vleeswaren
Opsnitt

conserven
Konserven

wasmiddel
Waschmiddel

snoepgoed
Snoopkraam

huishoudelijke artikelen
Huushooltssaken

schoonmaakmiddel
Reinmaaktüüch

verkoopster
Verköpersche

kassa
Kass

kassier
Kasserer

boodschappenlijstje
Inkoopslist

openingstijden
Opsparrtieden

portefeuille
Breeftasch

creditkaart
Kreditkoort

tas
Tasch

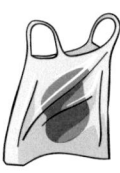

plastic zak
Plastiktüüt

water

Water

sap

Saft

melk

Melk

cola

Cola

wijn

Wien

bier

Beer

alcohol

Spriet

chocolademelk

Kakao

thee

Tee

koffie

Koffie

espresso

Espresso

cappuccino

Cappucino

banaan

Banaan

appel

Appel

sinaasappel

Appelsien

watermeloen

Meloon

citroen

Zitroon

wortel

Wöttel

knoflook

Knuuvlook

bamboe

Bambus

ui

Zibbel

paddenstoel

Poggenstohl

noten

Nööt

pasta

Nudeln

spaghetti

Spaghetti

rijst

Ries

salade

Salat

friet

Pommes frites

gebakken aardappelen

Braadkantüffeln

pizza

Pizza

hamburger

Hamborger

sandwich

Sandwich

schnitzel

Snitzel

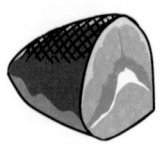

ham

Schinken

salami

Salami

worst

Wust

kip

Hohn

gebraad

Braden

vis

Fisch

havermout

Haverflocken

muesli

Müsli

cornflakes

Cornflakes

meel

Mehl

croissant

Croissant

broodjes

Rundstück

brood

Broot

toast

Toast

koekjes

Keksen

boter

Botter

kwark

Quark

taart

Koken

ei

Ei

gebakken ei

Spegelei

kaas

Kees

ijs

les

suiker

Zucker

honing

Honnig

jam

Marmelaad

chocoladepasta

Nougat-Creme

kerrie

Curry

boerderij
Buernhoff

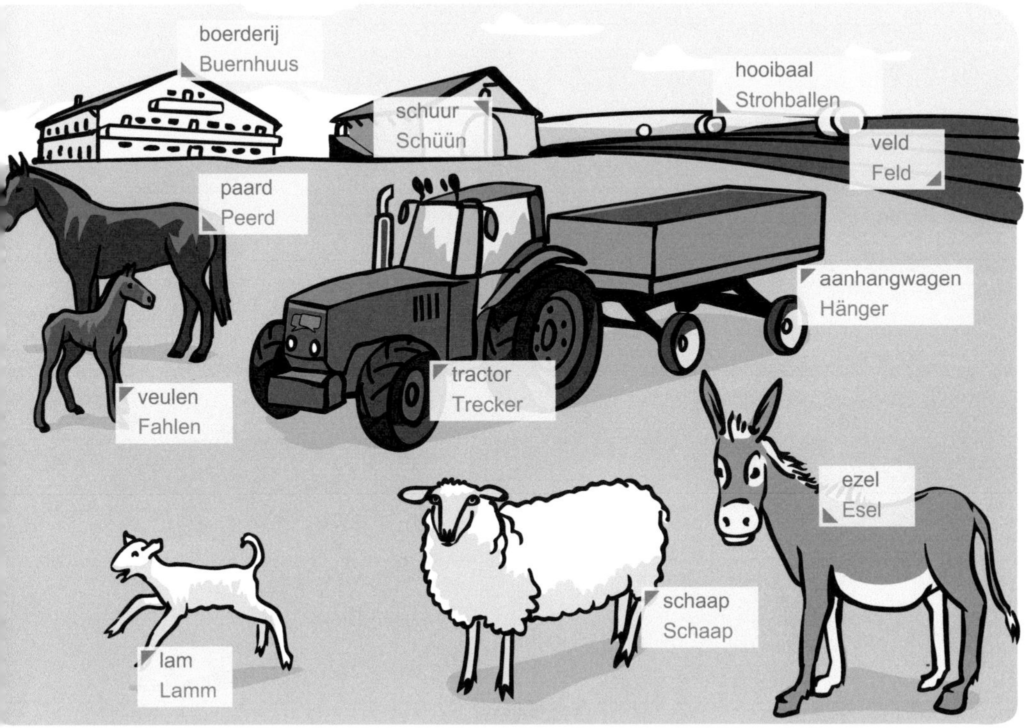
boerderij
Buernhuus
schuur
Schüün
hooibaal
Strohballen
veld
Feld
paard
Peerd
aanhangwagen
Hänger
tractor
Trecker
veulen
Fahlen
ezel
Esel
schaap
Schaap
lam
Lamm

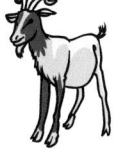

geit

Zeeg

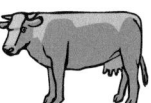

koe

Koh

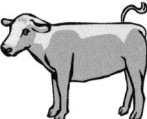

kalf

Kalf

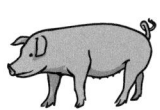

varken

Swien

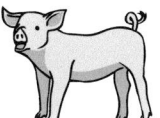

big

Farken

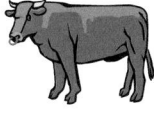

stier

Bull

gans

Goos

eend

Aant

kuiken

Küken

kip

Hohn

haan

Hahn

rat

Rott

kat

Katt

muis

Muus

os

Oss

hond

Hund

hondenhok

Hunnenhütt

tuinslang

Goornslauch

gieter

Geetkann

zeis

Lee

ploeg

Ploog

sikkel
Sich

schoffel
Hack

hooivork
Mestfork

bijl
Ext

kruiwagen
Schuufkoor

trog
Trog

melkbus
Melkkann

zak
Sack

hek
Tuun

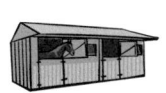

stal
Stall

broeikas
Drievhuus

grond
Bodden

zaad
Saat

mest
Dünger

maaidorser
Meihdöscher

oogsten

oornen

oogst

Oorn

yam

Yamswöttel

tarwe

Weten

soja

Soja

aardappel

Kantüffel

maïs

Törksche Weten

koolzaad

Rapp

fruitboom

Aaftboom

maniok

Troopsch Kantüffel

granen

Koorn

huis
Huus

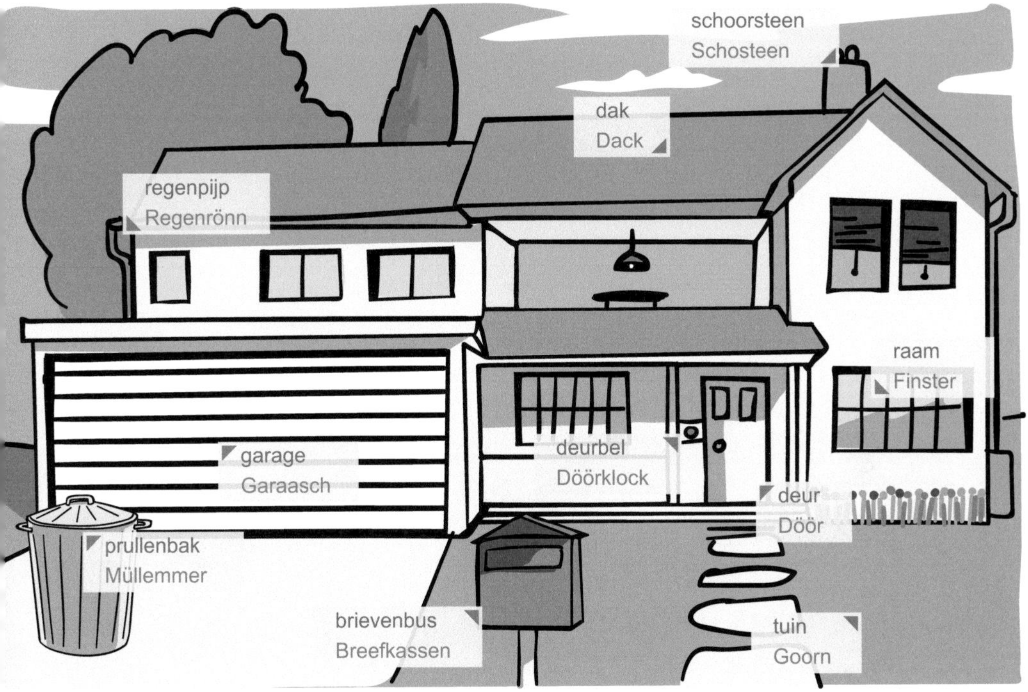
schoorsteen
Schosteen
dak
Dack
regenpijp
Regenrönn
raam
Finster
garage
Garaasch
deurbel
Döörklock
deur
Döör
prullenbak
Müllemmer
brievenbus
Breefkassen
tuin
Goorn

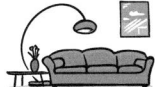

woonkamer

Wahnstuuv

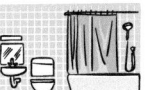

badkamer

Baadstuuv

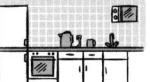

keuken

Köök

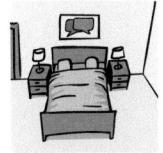

slaapkamer

Slaapstuuv

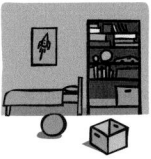

kinderkamer

Kinnerstuuv

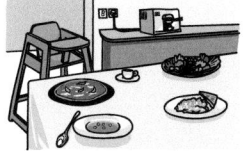

eetkamer

Eetstuuv

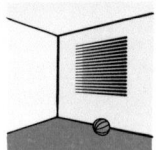

vloer

Footbodden

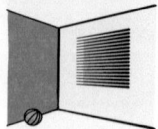

muur

Wand

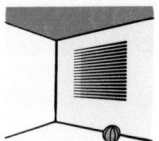

plafond

Deek

kelder

Keller

sauna

Hittluftbad

balkon

Balkon

terras

Terrass

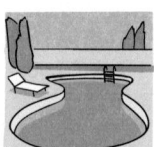

zwembad

Swümmbad

grasmaaier

Rasenmeiher

laken

Bettbetog

bedsprei

Bettdeek

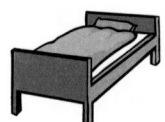

bed

Puuch

bezem

Bessen

emmer

Emmer

schakelaar

Schalter

woonkamer
Wahnstuuv

behang
Tapeet
foto
Bild
lamp
Lamp
plank
Regal
kast
Schapp
televisie
Kiekkassen
open haard
Kamin
bloem
Bloom
kussen
Küssen
bankstel
Sofa
vaas
Vaas
afstandsbediening
Feernbedenen

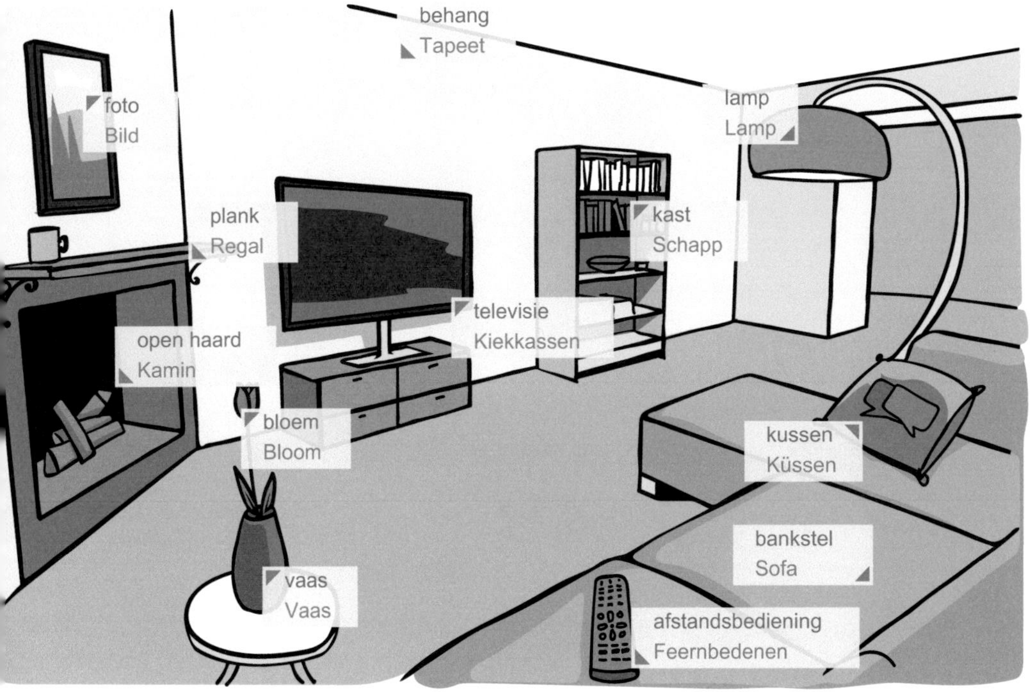

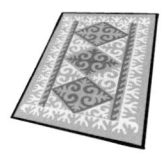

tapijt

Teppich

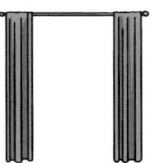

gordijn

Vörhang

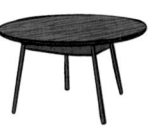

tafel

Disch

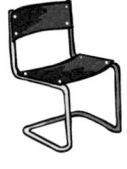

stoel

Stohl

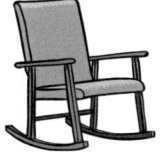

schommelstoel

Schuckelstohl

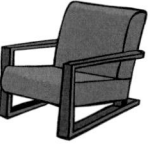

stoel

Sessel

boek

Book

deken

Deek

decoratie

Dekoratschoon

brandhout

Füerholt

film

Film

stereo-installatie

Stereoanlaag

sleutel

Slötel

krant

Narichtenblatt

schilderij

Gemälde

poster

Poster

radio

Radio

kladblok

Opschrievblock

stofzuiger

Huulbessen

cactus

Kaktus

kaars

Kars

keuken
Köök

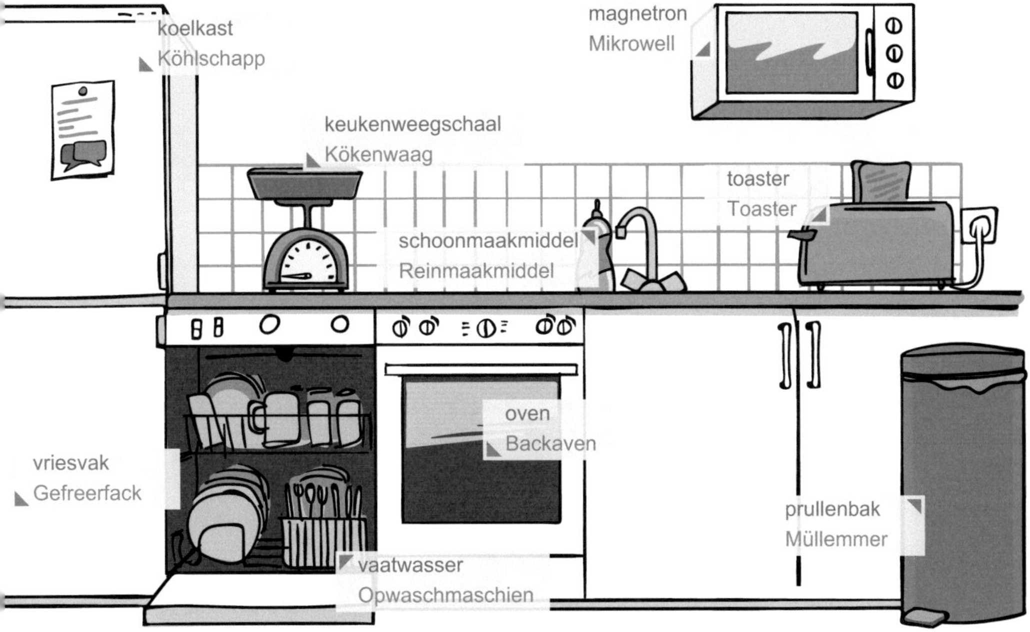
koelkast
Köhlschapp
magnetron
Mikrowell
keukenweegschaal
Kökenwaag
toaster
Toaster
schoonmaakmiddel
Reinmaakmiddel
oven
Backaven
vriesvak
Gefreerfack
prullenbak
Müllemmer
vaatwasser
Opwaschmaschien

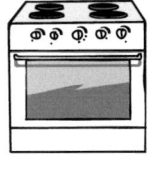

fornuis

Heerd

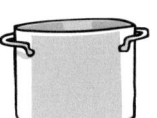

pan

Pott

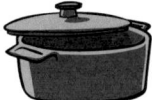

gietijzeren pan

Gussiesern Putt

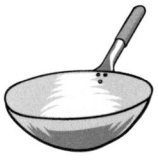

wok / kadai

Wok / Kadai

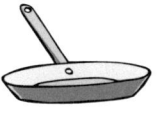

koekenpan

Pann

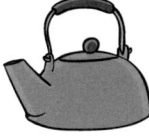

ketel

Waterkaker

stoomkoker

Dampkaakputt

bakplaat

Backblick

servies

Geschirr

beker

Beker

kom

Schaal

eetstokjes

Eetsticken

soeplepel

Suppenkell

spatel

Pannenwenner

garde

Sneebessen

vergiet

Kaakseef

zeef

Seef

rasp

Riev

vijzel

Mörser

barbecue

Grill

vuurhaard

Füerstell

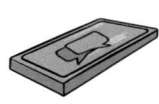

snijplank

Sniedbrett

deegroller

Nudelholt

kurkentrekker

Proppentrecker

blik

Doos

blikopener

Dosenaapner

pannenlap

Pottlappen

wasbak

Waschbecken

borstel

Böst

spons

Swamm

blender

Mixer

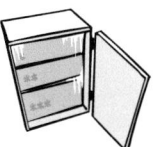

vriezer

Iesschapp

babyflesje

Nuckelbuddel

kraan

Waterhahn

badkamer
Baadstuuv

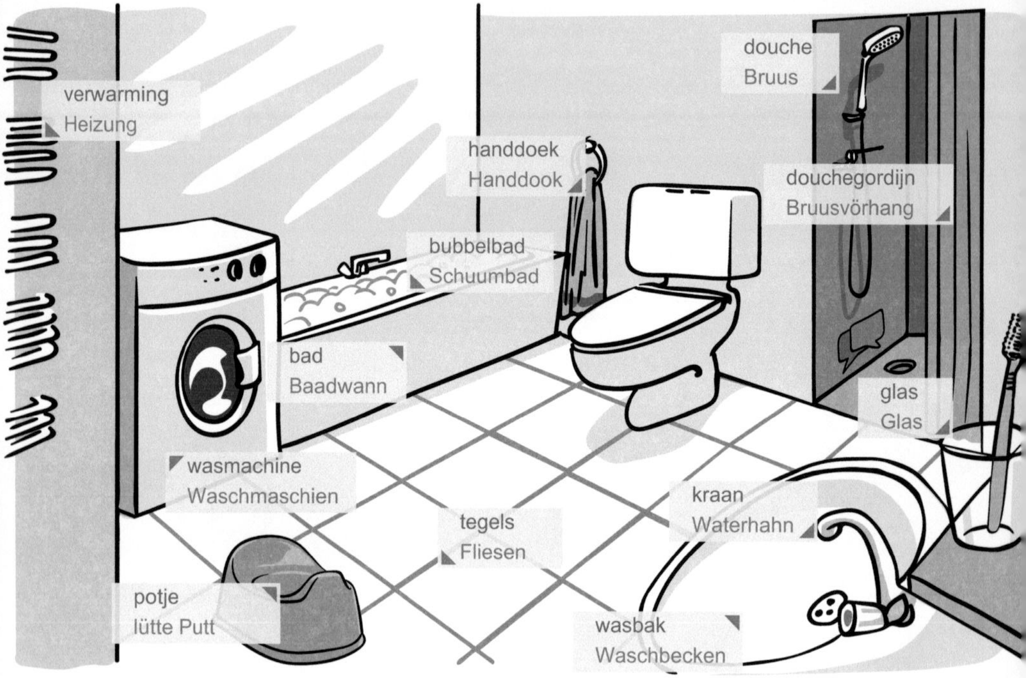

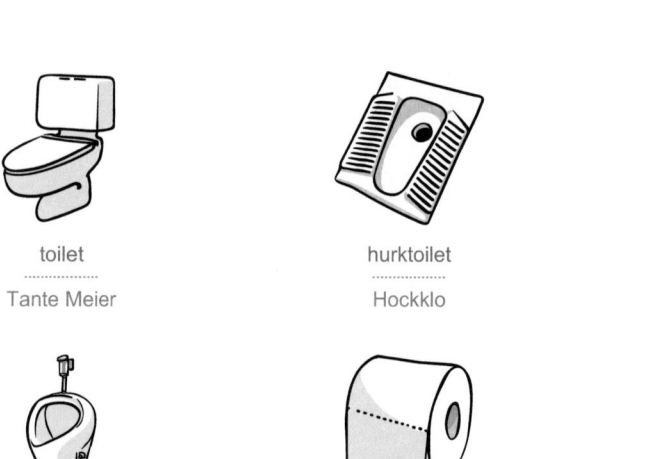

verwarming
Heizung

douche
Bruus

handdoek
Handdook

douchegordijn
Bruusvörhang

bubbelbad
Schuumbad

bad
Baadwann

glas
Glas

wasmachine
Waschmaschien

kraan
Waterhahn

tegels
Fliesen

potje
lütte Putt

wasbak
Waschbecken

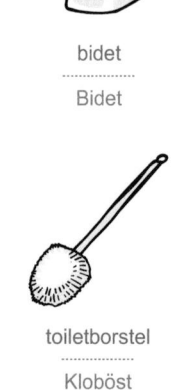

toilet	hurktoilet	bidet
Tante Meier	Hockklo	Bidet

urinoir	toiletpapier	toiletborstel
Miegbecken	Klopapeer	Kloböst

tandenborstel

Tähnböst

tandpasta

Tähnpast

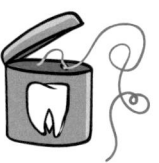

flosdraad

Tähnsied

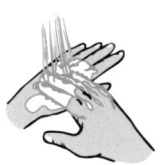

wassen

waschen

handdouche

Handbruus

toiletdouche

Intimbruus

waskom

Waschschöttel

rugborstel

Rüchböst

zeep

Seep

douchegel

Bruusgeel

shampoo

Hoorwaschmiddel

washanje

Waschlappen

afvoer

Afloop

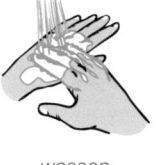

creme

Creme

deodorant

Deodorant

spiegel

Spegel

make-upspiegel

Kosmetikspegel

scheermes

Raserer

scheerschuim

Raseerschuum

aftershave

Raseerwater

kam

Kamm

borstel

Böst

haardroger

Hoordröger

haarspray

Hoorspray

make-up

Smink

lippenstift

Lippensticken

nagellak

Nagellack

watten

Watt

nagelschaartje

Nagelscheer

parfum

Rüükwater

toilettas

Kulturbüdel

kruk

Schemel

weegschaal

Waag

badjas

Baadmantel

rubber handschoenen

Gummihanschen

tampon

Tampon

maandverband

Damenbinn

chemisch toilet

Chemieklo

kinderkamer
Kinnerstuuv

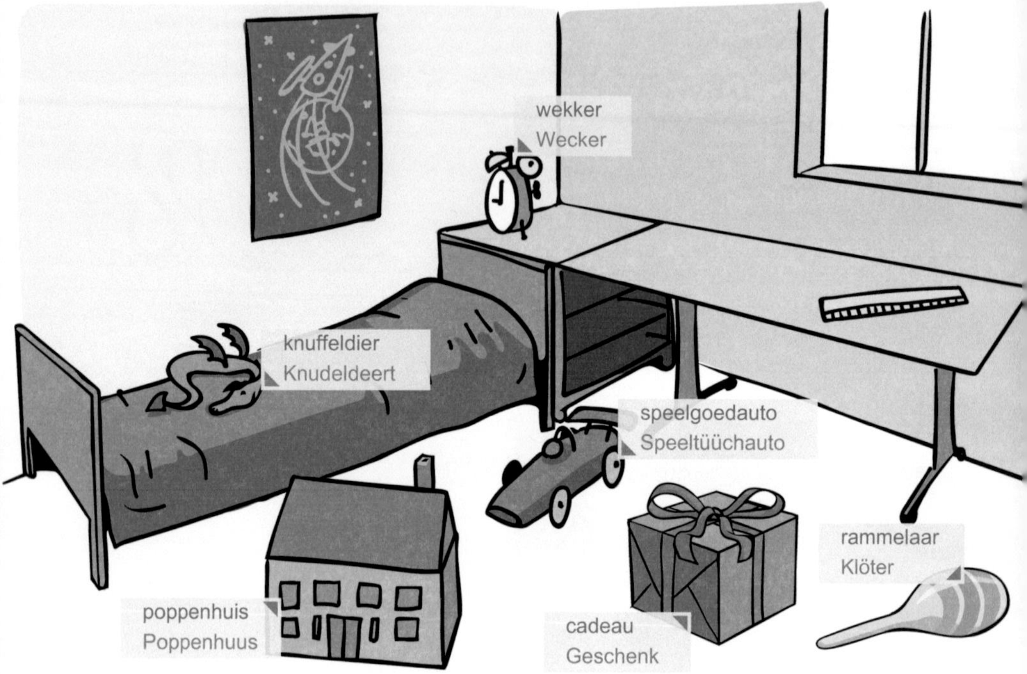

wekker
Wecker
knuffeldier
Knudeldeert
speelgoedauto
Speeltüüchauto
rammelaar
Klöter
poppenhuis
Poppenhuus
cadeau
Geschenk

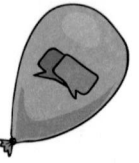

ballon
Luftballon

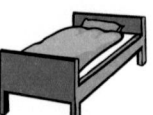

bed
Puuch

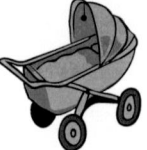

kinderwagen
Kinnerwagen

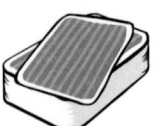

kaartspel
Koortenspeel

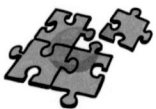

puzzel
Puzzle

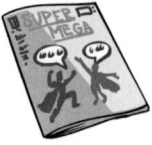

stripverhaal
Billergeschicht

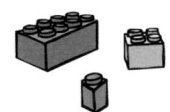

legostenen

Legostenen

speelgoedblokken

Bustenen

actiefiguurtje

Action-Figur

romper

Strampelantog

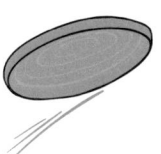

frisbee

Frisbeeschiev

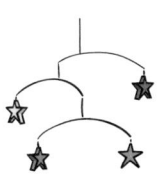

mobile

Mobile

bordspel

Brettspeel

dobbelsteen

Wörpel

modeltrein

Modelliesenbahn

speen

Snuller

feestje

Party

prentenboek

Billerbook

bal

Ball

pop

Popp

spelen

spelen

zandbak

Sandkassen

schommel

Schuckel

speelgoed

Speeltüüch

spelcomputer

Speelkonsool

driewieler

Dreerad

teddybeer

Teddyboor

kleerkast

Klederschapp

kleding
Tüüch

sokken

Socken

kousen

Strümp

panty

Strumpbüx

sjaal
Halsdook

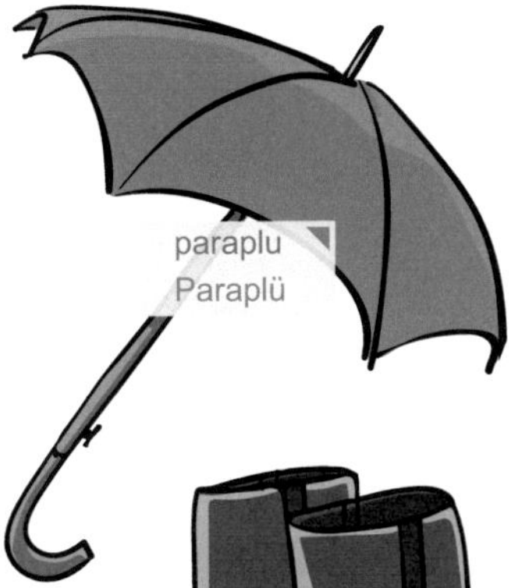

paraplu
Paraplü

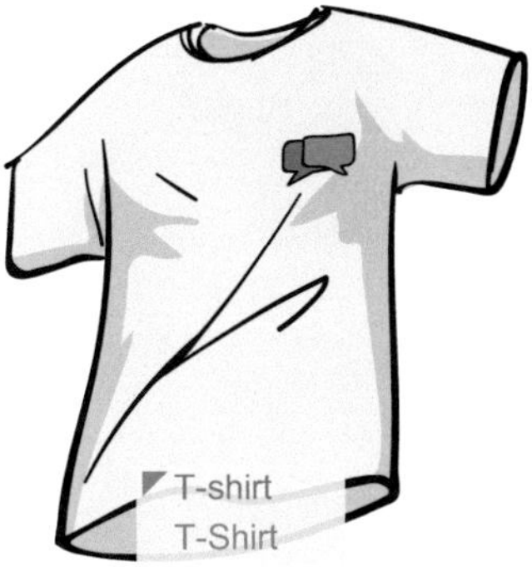

riem
Liefreem

T-shirt
T-Shirt

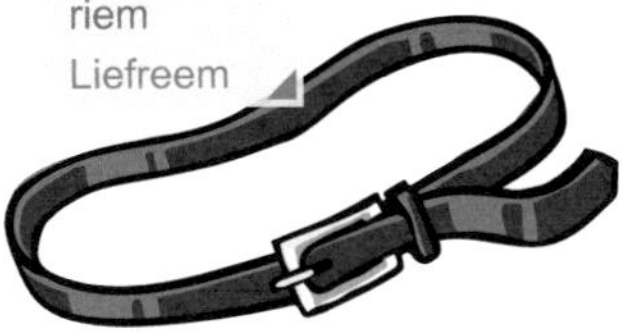

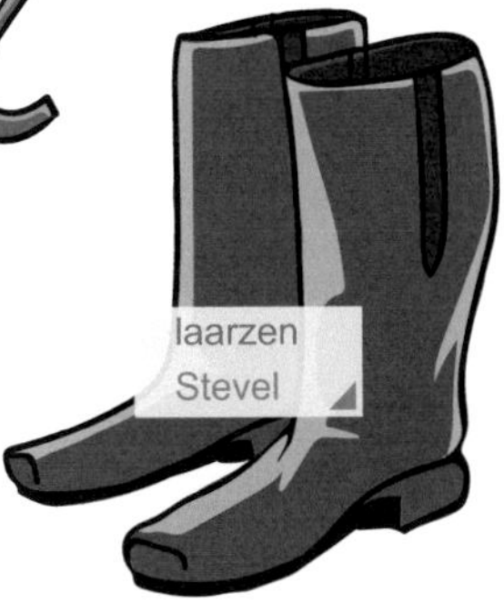

sportschoenen
Turnschoh

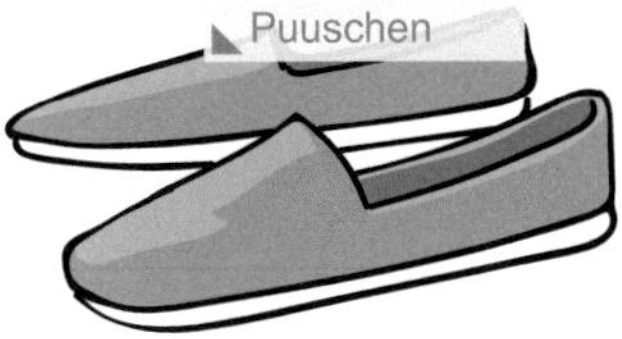

laarzen
Stevel

pantoffels
Puuschen

sandalen
....
Sandalen

schoenen
....
Schoh

rubberlaarzen
....
Gummistevel

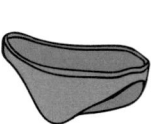

onderbroek
....
Ünnerbüx

beha
....
Bostholler

onderhemd
....
Ünnerhemd

body

Lief

broek

Büx

spijkerbroek

Jeansnüx

rok

Rock

blouse

Bluus

overhemd

Hemd

trui

Pullover

hoody

Kapuzenpullover

blazer

Blazer

jas

Jack

mantel

Mantel

regenjas

Övertrecker

kostuum

Kostüm

jurk

Kleed

trouwjurk

Hochtietskleed

pak
Antog

nachthemd
Nachtkleed

pyjama
Slaapantog

sari
Sari

hoofddoek
Koppdook

tulband
Turban

boerka
Burka

kaftan
Kaftan

abaja
Abaya

zwempak
Baadantog

zwembroek
Baadbüx

korte broek
Korte Büx

trainingspak
Antog to'n Öven

schort
Schört

handschoenen
Handschoh

knoop

Knopp

bril

Brill

armband

Armband

ketting

Halskeed

ring

Ring

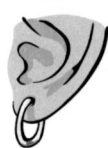

oorbel

Ohrbummel

pet

Mütz

kledinghanger

Klederbögel

hoed

Hoot

stropdas

Binner

rits

Rietslüter

helm

Helm

bretels

Drachtband

schooluniform

Schooluniform

uniform

Uniform

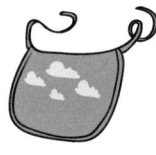

slabbetje

Severböten

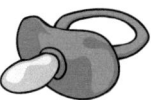

speen

Snuller

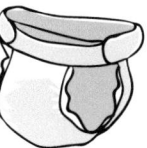

luier

Winnel

kantoor
Büro

server
Server
archiefkast
Aktenschapp
printer
Drucker
papier
Papeer
beeldscherm
Bildschirm
muis
Muus
bureau
Schrievdisch
map
Orner
toetsenbord
Knoopboord
prullenmand
Papeerkorf
computer
Computer
stoel
Stohl

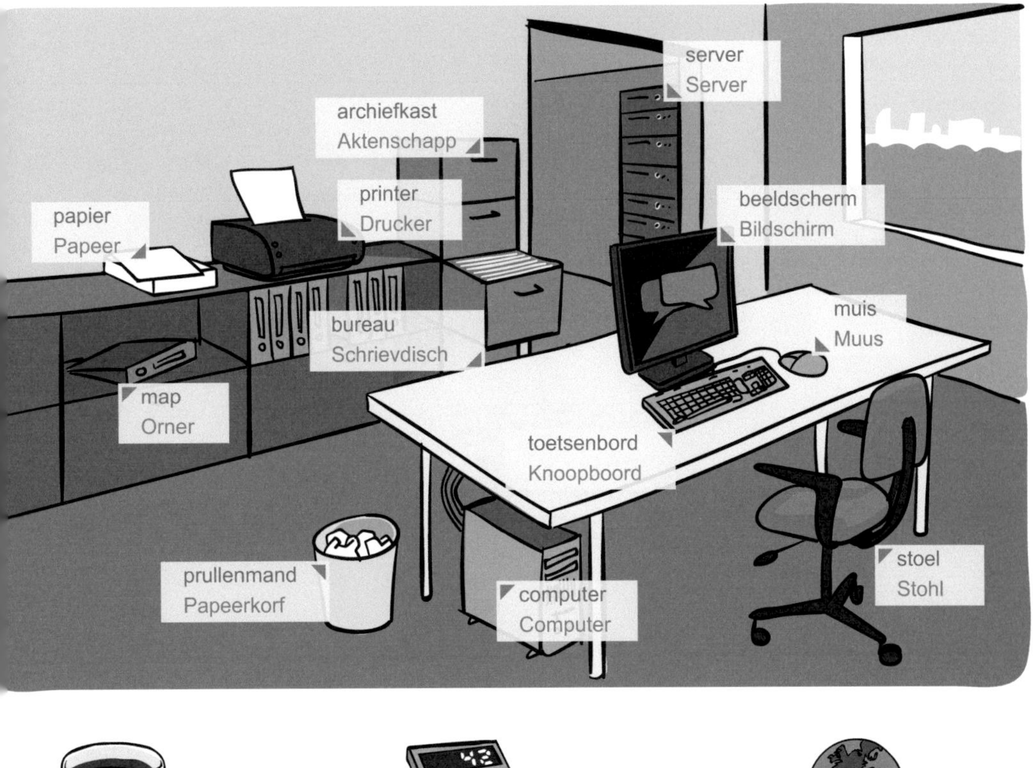

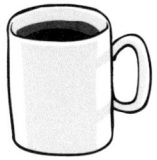

koffiemok

Koffiebeker

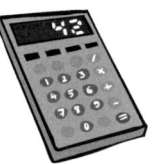

rekenmachine

Taschenreekner

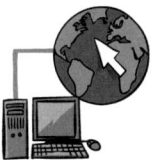

internet

Internet

laptop	brief	bericht
Klappreekner	Breef	Naricht

mobiele telefoon	netwerk	kopieermachine
Ackersnacker	Nettwark	Kopeerapparat

software	telefoon	stopcontact
Software	Klöönkassen	Steekdoos
	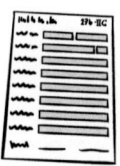	
fax	formulier	document
Faxapparat	Formulor	Dokument

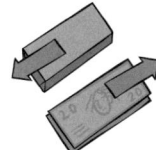

kopen
köpen

betalen
betahlen

handel drijven
hanneln

geld
Geld

 **USD**

dollar
Dollar

 **EUR**

euro
Euro

 **JPY**

yen
Yen

 **RUB**

roebel
Ruvel

 **CHF**

Zwitserse frank
Swiezer Franken

 **CNY**

renminbi yuan
Renminbi Yuan

 **INR**

roepie
Rupie

geldautomaat
Geldautomat

wisselkantoor

Wesselstuuv

goud

Gold

zilver

Sülver

olie

Ööl

energie

Energie

prijs

Pries

contract

Verdrag

belasting

Stüer

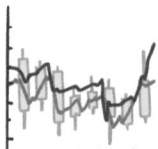

aandeel

Andeelschien

werken

arbeiden

werknemer

Anstellte

werkgever

Arbeitgever

fabriek

Fabrik

winkel

Hökerie

beroepen
Profeschonen

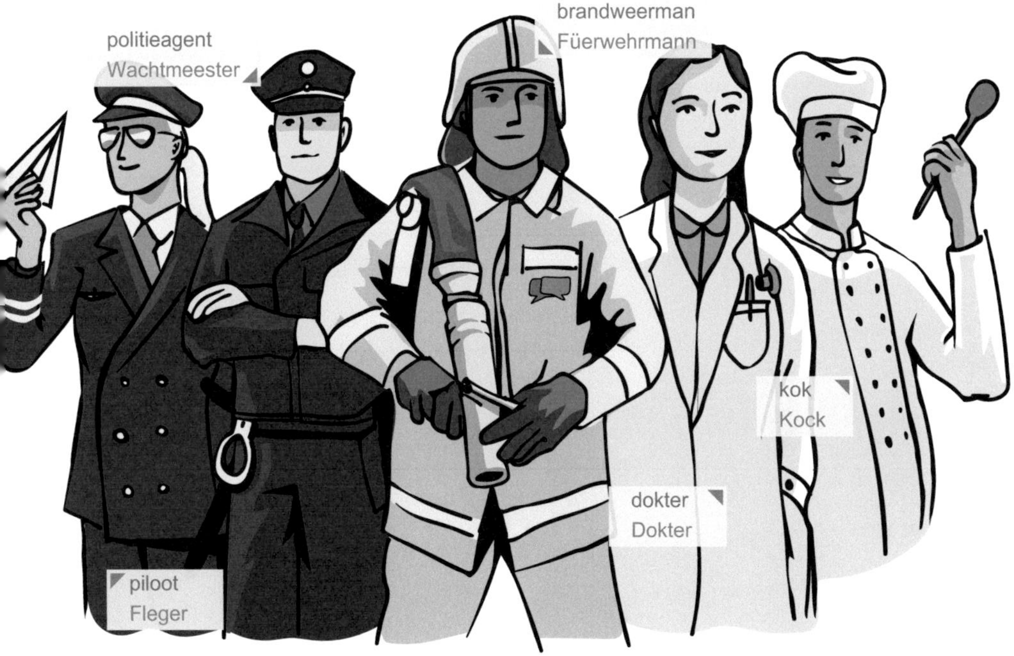
politieagent
Wachtmeester
brandweerman
Füerwehrmann
kok
Kock
dokter
Dokter
piloot
Fleger

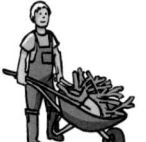

tuinman

Goorner

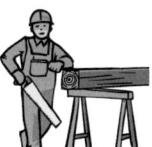

timmerman

Discher

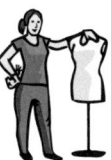

naaister

Neihersche

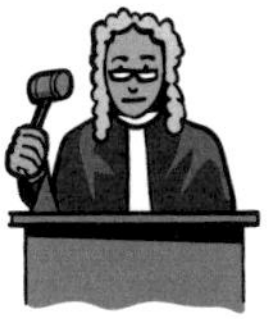

rechter

Richter

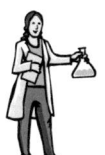

scheikundige

Chemiker

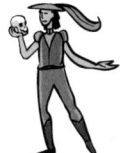

toneelspeler

Schauspeler

buschauffeur

Busfohrer

taxichauffeur

Taxifohrer

visser

Fischer

schoonmaakster

Reinmaakfru

dakdekker

Dackdecker

ober

Kellner

jager

Jäger

schilder

Maler

bakker

Bäcker

elektricien

Elektriker

bouwvakker

Buarbeider

ingenieur

Ingenieur

slager

Slachter

loodgieter

Klempner

postbode

Postbüdel

soldaat

Suldat

architect

Architekt

kassier

Kasserer

bloemist

Florist

kapper

Putzbüdel

conducteur

Schaffner

monteur

Mechaniker

kapitein

Kaptein

tandarts

Tähndokter

wetenschapper

Wetenschopler

rabbi

Rabbi

imam

Imam

monnik

Mönk

pastoor

Paap

gereedschap
Warktüüch

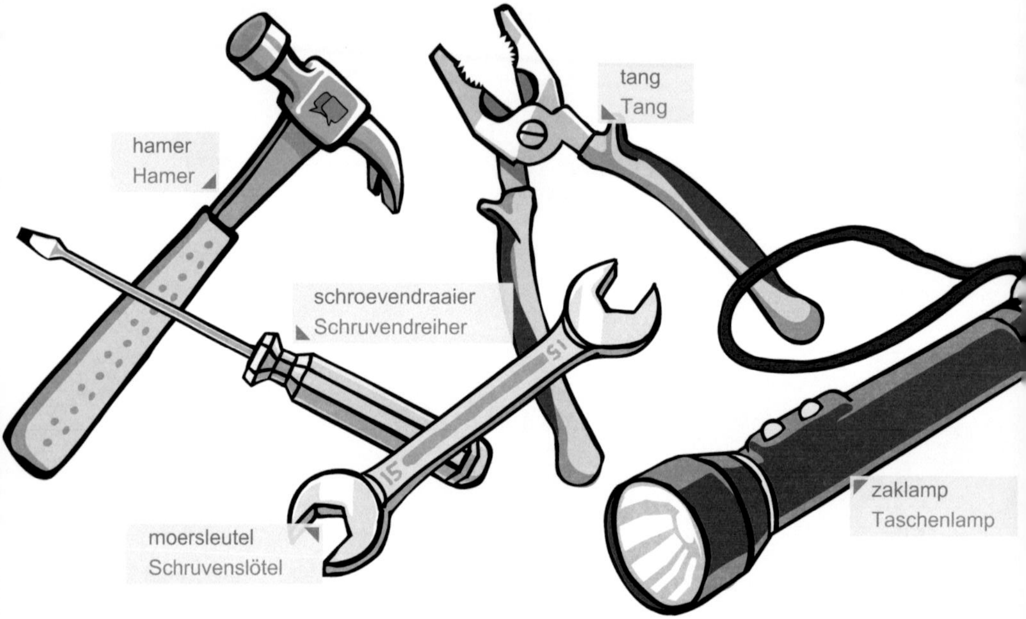
hamer
Hamer
tang
Tang
schroevendraaier
Schruvendreiher
moersleutel
Schruvenslötel
zaklamp
Taschenlamp

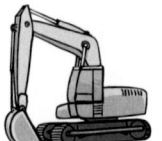

graafmachine

Grieper

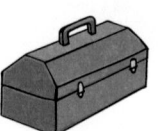

gereedschapskist

Warktüüchkassen

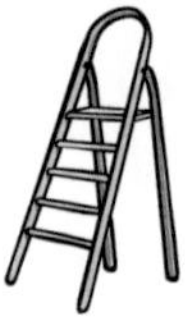
ladder

Ledder

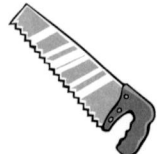

zaag

Saag

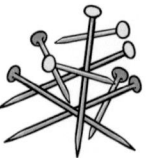

spijkers

Nagels

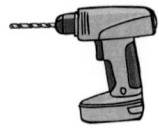

boor

Bohrer

repareren

heelmaken

schep

Schüffel

Verdorie!

Schiet!

stofblik

Kehrblick

verfpot

Farvpott

schroeven

Schruven

muziekinstrumenten
Musikinstrumenten

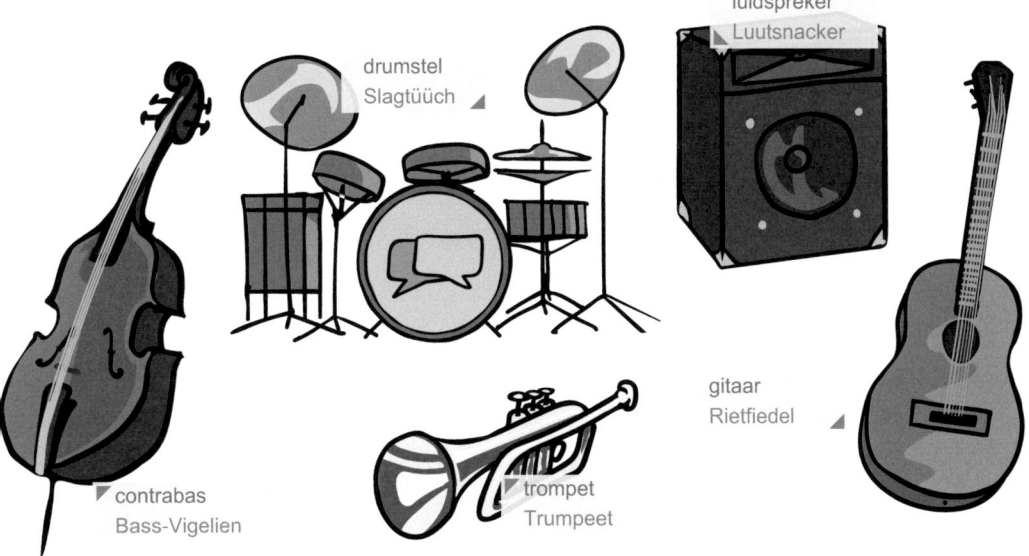

luidspreker
Luutsnacker

drumstel
Slagtüüch

gitaar
Rietfiedel

contrabas
Bass-Vigelien

trompet
Trumpeet

piano

Klaveer

viool

Vigelien

bas

Bass

pauk

Pauk

trommel

Trummeln

keyboard

Keyboard

saxofoon

Saxophon

fluit

Fleut

microfoon

Mikrofoon

dierentuin
Deertenpark

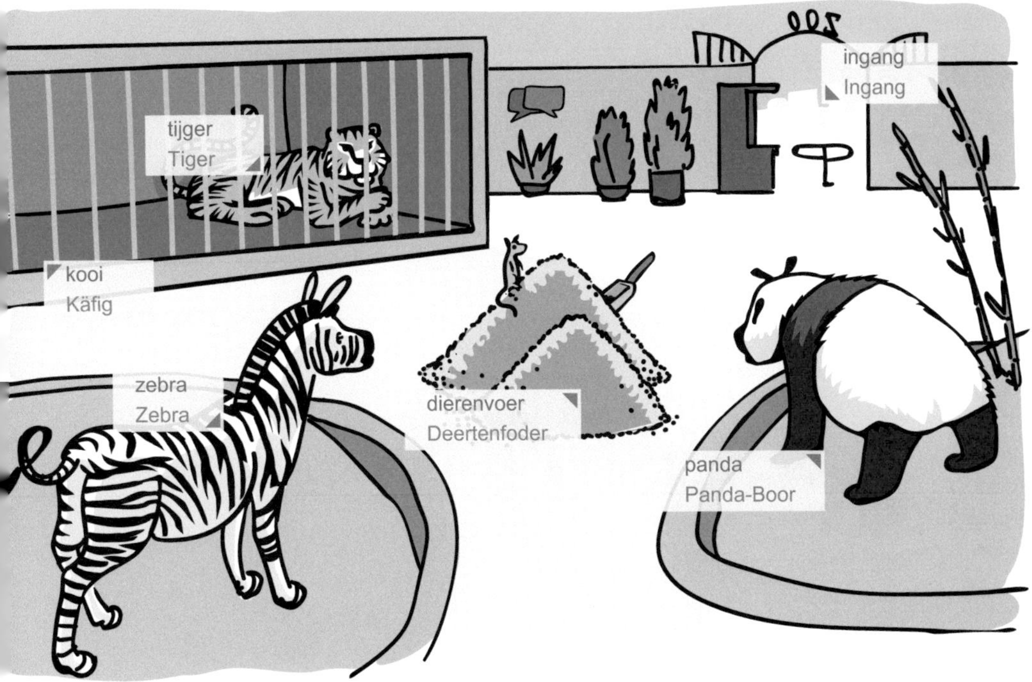

tijger
Tiger
kooi
Käfig
zebra
Zebra
dierenvoer
Deertenfoder
ingang
Ingang
panda
Panda-Boor

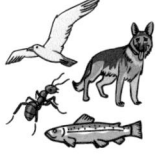

dieren

Deerten

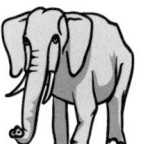

olifant

Elefant

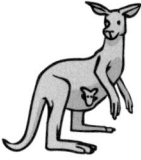

kangoeroe

Känguru

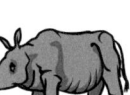

neushoorn

Neeshoorn

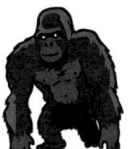

gorilla

Gorilla

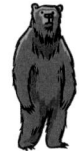

beer

Boor

kameel

Kameel

struisvogel

Struuß

leeuw

Lööv

aap

Aap

flamingo

Flamingo

papegaai

Papagoi

ijsbeer

Iesboor

pinguïn

Pinguin

haai

Haifisch

pauw

Pageluun

slang

Slang

krokodil

Krokodil

dierenverzorger

Oppasser in'n Deertenpark

zeehond

Saalhund

jaguar

Jaguor

pony

Pony

luipaard

Leopard

nijlpaard

Nilpeerd

giraffe

Giraff

adelaar

Aadler

wild zwijn

Wildswien

vis

Fisch

schildpad

Schildkrööt

walrus

Walross

vos

Voss

gazelle

Gazell

American football
Amerikaansch Football

wielrennen
Radfohren

tennis
Tennis

basketbal
Korfball

zwemmen
Swümmen

ijshockey
Ieshockey

boksen
Boxen

voetbal
Football

badminton
Fedderball

atletiek
Leichtathletik

handbal
Handball

skiën
Skilopen

polo
Polo

activiteiten

Aktivitäten

lachen
lachen
springen
springen
knuffelen
ümarmen
lopen
gahn
zingen
singen
dromen
drömen
bidden
beden
kussen
snuteln

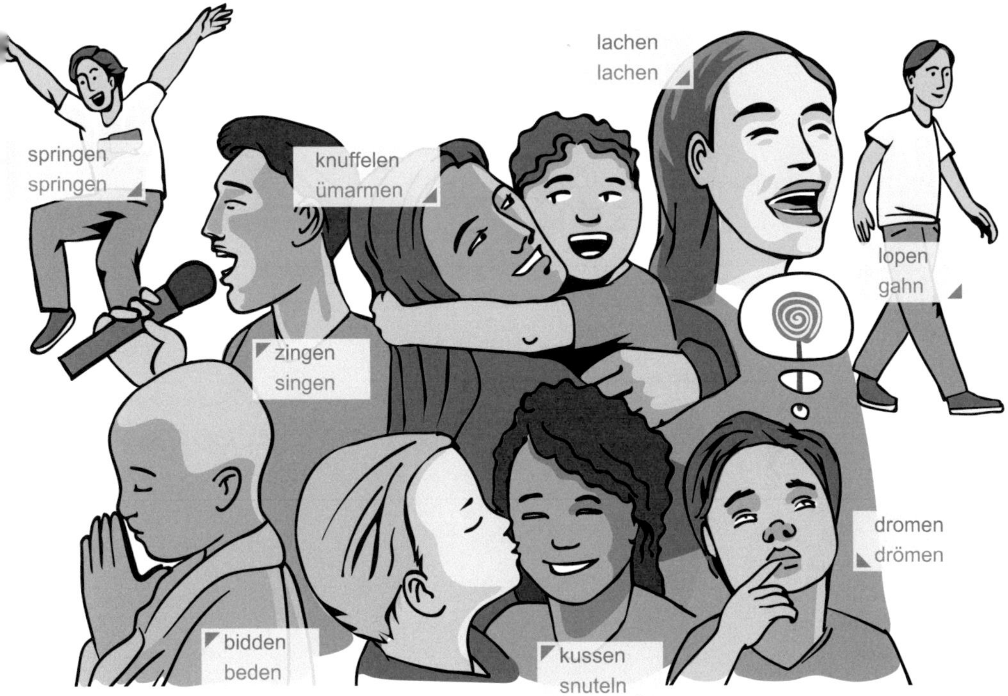

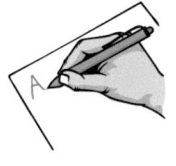

schrijven

schrieven

tekenen

teken

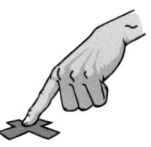

tonen

wiesen

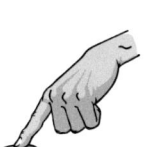

duwen

drücken

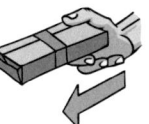

geven

geven

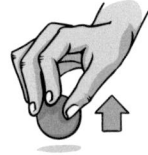

oppakken

nehmen

hebben

hebben

doen

doon

zijn

sien

staan

stahn

rennen

lopen

trekken

trecken

gooien

smieten

vallen

fallen

liggen

liggen

wachten

töven

dragen

dregen

zitten

sitten

aankleden

antrecken

slapen

slapen

wakker worden

opwaken

bekijken

ankieken

huilen

wenen

strelen

eien

kammen

kämmen

praten

snacken

begrijpen

verstahn

vragen

fragen

horen

hören

drinken

drinken

eten

eten

opruimen

oprümen

houden van

leefhebben

koken

kaken

rijden

fohren

vliegen

flegen

zeilen

segeln

rekenen

reken

lezen

lesen

leren

lehren

werken

arbeiden

trouwen

de Plünnen tohoopsmieten

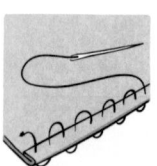

naaien

neihen

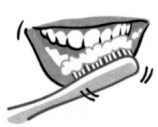

tandenpoetsen

Tähnen putzen

doden

dootmaken

roken

smöken

verzenden

schicken

familie
Familje

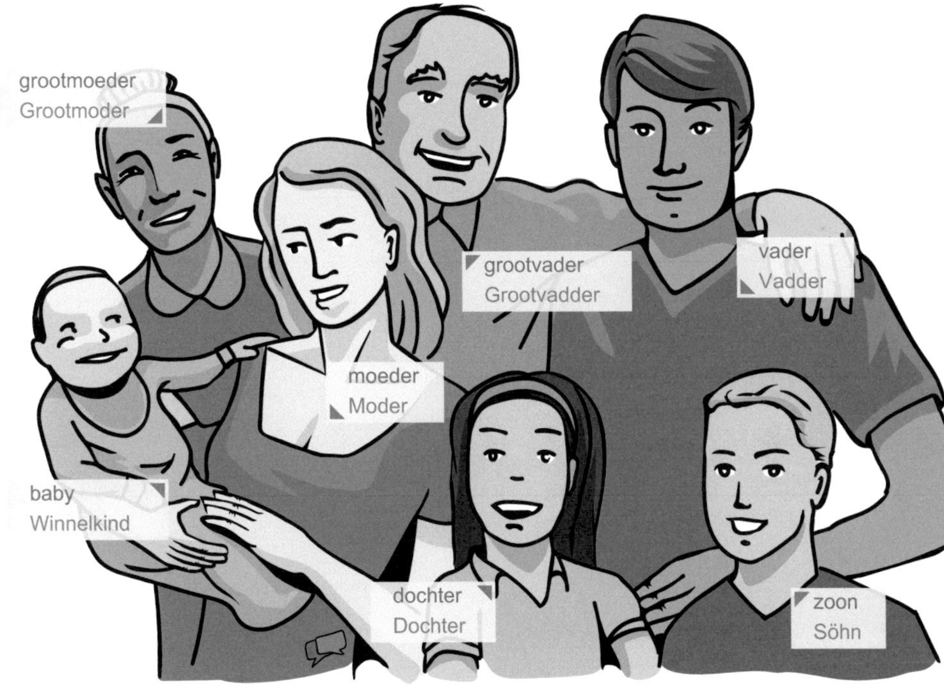
grootmoeder
Grootmoder
grootvader
Grootvadder
vader
Vadder
moeder
Moder
baby
Winnelkind
dochter
Dochter
zoon
Söhn

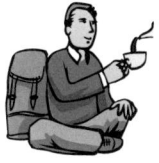

gast

Gast

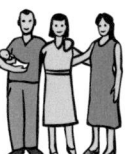

tante

Tant

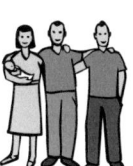

oom

Unkel

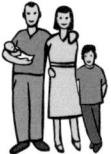

broer

Broder

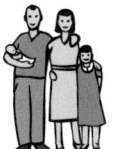

zus

Süster

lichaam

Lief

voorhoofd
Vörkopp
oog
Oog
schouder
Schuller
vinger
Finger
gezicht
Gesicht
kin
Kinn
hand
Hand
been
Been
borst
Bost
arm
Arm

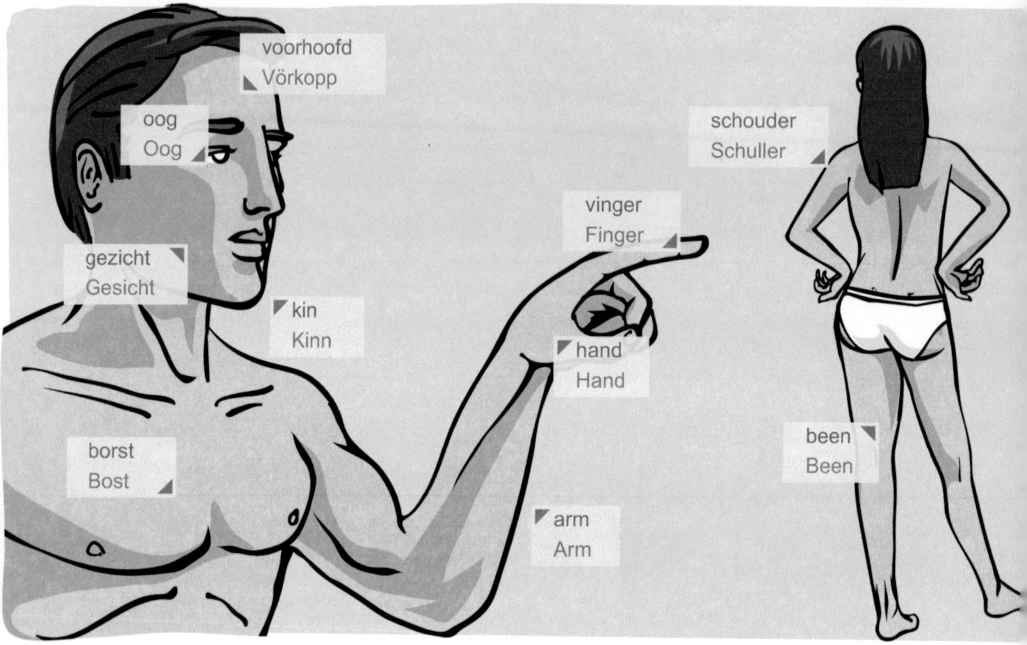

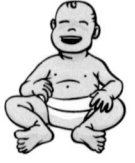

baby

Winnelkind

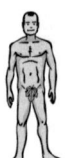

man

Mann

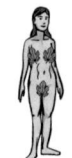

vrouw

Fro

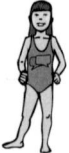

meisje

Deern

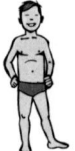

jongen

Jung

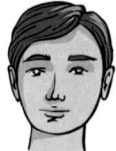

hoofd

Arm

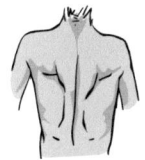

rug

Rüch

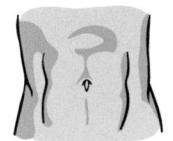

buik

Buuk

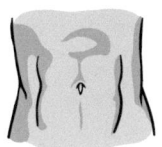

navel

Navel

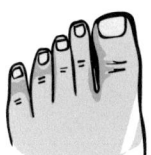

teen

Teh

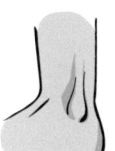

hiel

Hack

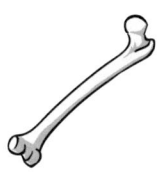

bot

Knaken

heup

Hüft

knie

Knee

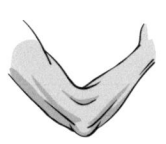

elleboog

Ellbagen

neus

Nees

achterwerk

Achtersen

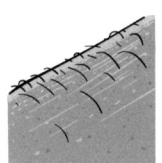

huid

Huut

wang

Back

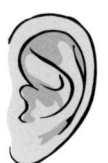

oor

Ohr

lippen

Lipp

mond

Mund

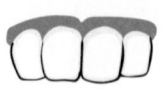

tand

Tähn

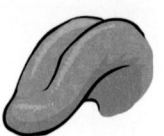

tong

Tung

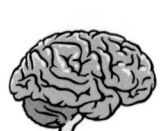

hersenen

Bregen

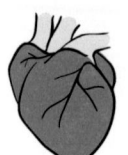

hart

Hart

spier

Muskel

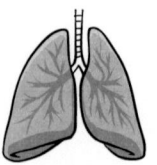

long

Lung

lever

Lever

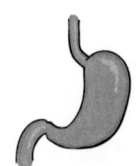

maag

Maag

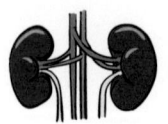

nieren

Neren

geslachtsgemeenschap

Bislaap

condoom

Kondoom

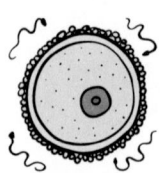

eicel

Eizell

sperma

Sperma

zwangerschap

Anner Ümstänn

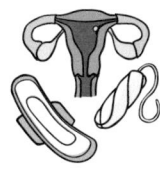

menstruatie

Menstruatschoon

vagina

Scheed

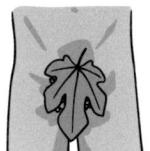

penis

Pint

wenkbrauw

Ogenbroe

haar

Hoor

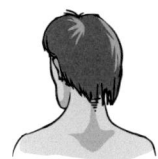

hals

Hals

ziekenhuis
Krankenhuus

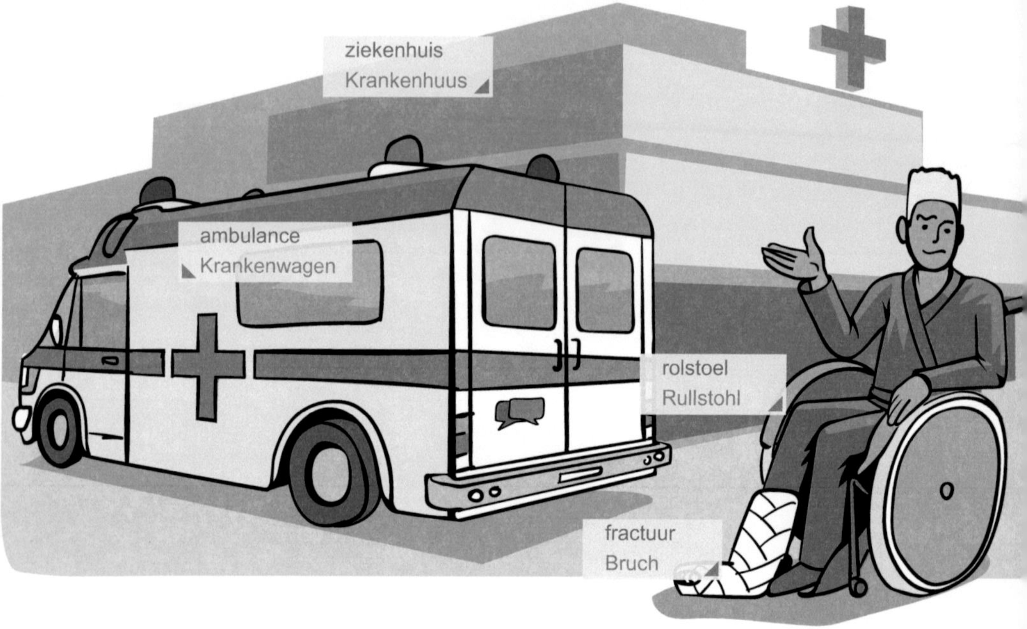

ziekenhuis
Krankenhuus
ambulance
Krankenwagen
rolstoel
Rullstohl
fractuur
Bruch

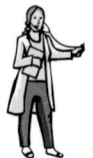

dokter

Dokter

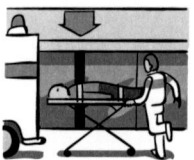

EHBO

Nootopnahm

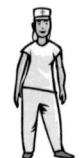

verpleegster

Krankensüster

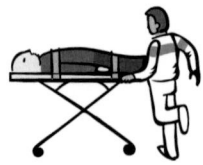

noodgeval

Nootfall

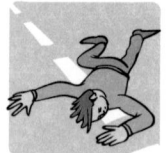

bewusteloos

ahnmächtig

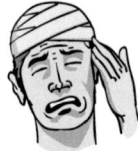

pijn

Wehdaag

verwonding

Verwunnen

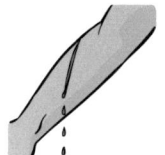

bloeding

Blöden

hartaanval

Hartinfarkt

beroerte

Slaganfall

allergie

Allergie

hoest

Hoosten

koorts

Fever

griep

Gripp

diarree

Dörchfall

hoofdpijn

Koppwehdaag

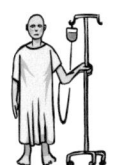

kanker

Kreeft

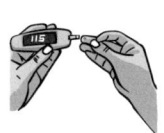

diabetes

Zuckersüük

chirurg

Chirurg

scalpel

Chirurgsch Mess

operatie

Operatschoon

CT

CT

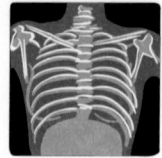

röntgen

Dörchlüchten

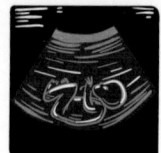

echografie

Ultraschall

gezichtsmasker

Mask

ziekte

Krankheit

wachtkamer

Töövruum

kruk

Krück

pleister

Plaaster

verband

Verband

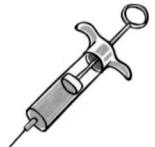

injectie

Insprütten

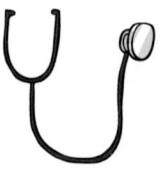

stethoscoop

Stethoskop

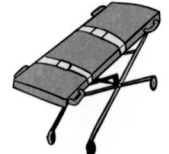

brancard

Draag

thermometer

Feverthermometer

geboorte

Geboort

overgewicht

Övergewicht

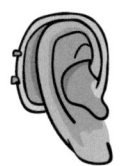

gehoorapparaat

Höörapparat

ontsmettingsmiddel

Kiemfriemiddel

infectie

Ansteken

virus

Virus

HIV / AIDS

HIV / AIDS

medicijn

Heelmiddel

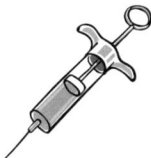

inenting

Impen

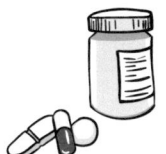

tabletten

Tabletten

pil

Pill

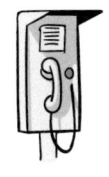

alarmnummer

Nootroop

bloeddrukmeter

Blootdruck-Meter

ziek / gezond

krank / gesund

Help!

Hölp!

alarm

Alarm

overval

Överfall

aanval

Angreep

gevaar

Gefohr

nooduitgang

Nootutgang

Brand!

Füer!

brandblusser

Füerlöscher

ongeluk

Unfall

EHBO-koffer

Noothölpkoffer

SOS

SOS

politie

Polizei

Europa

Europa

Noord-Amerika

Noordamerika

Zuid-Amerika

Süüdamerika

Afrika

Afrika

Azië

Asien

Australië

Australien

Atlantische Oceaan

Atlantik

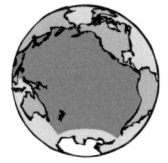

Stille Oceaan

Pazifik

Indische Oceaan

Indisch Weltmeer

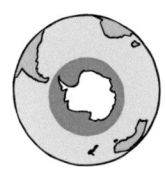

Zuidelijke Oceaan

Antarktisch Weltmeer

Noordelijke IJszee

Arktisch Weltmeer

Noordpool

Noordpol

Zuidpool

Süüdpol

Antarctica

Antarktis

aarde

Eerd

land

Land

zee

See

eiland

Eiland

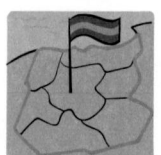

natie

Natschoon

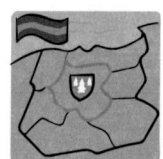

staat

Staat

wijzerplaat

Tallenblatt

uurwijzer

Stunnenwieser

minutenwijzer

Minutenwieser

secondewijzer

Sekunnenwieser

Hoe laat is het?

Wo laat is dat?

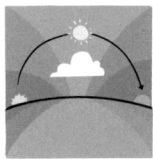

dag

Dag

tijd

Tiet

nu

nu

digitaal horloge

digetaalsch Klock

minuut

Minuut

uur

Stunn

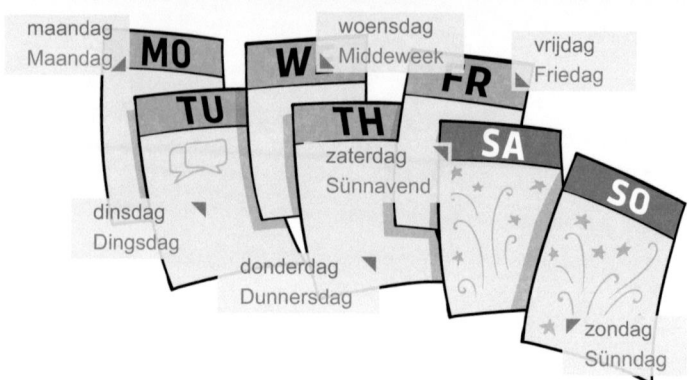

maandag
Maandag

woensdag
Middeweek

vrijdag
Friedag

zaterdag
Sünnavend

dinsdag
Dingsdag

donderdag
Dunnersdag

zondag
Sünndag

gisteren

güstern

vandaag

hüüt

morgen

morgen

ochtend

Morgen

middag

Meddag

avond

Avend

werkdagen

Arbeitsdaag

weekend

Wekenenn

regen
▶ Regen

regenboog
Regenbagen

wind
Wind

sneeuw ◥
Snee

voorjaar
Fröhjohr

zomer
Sommer

herfst
Harvst

winter
Winter

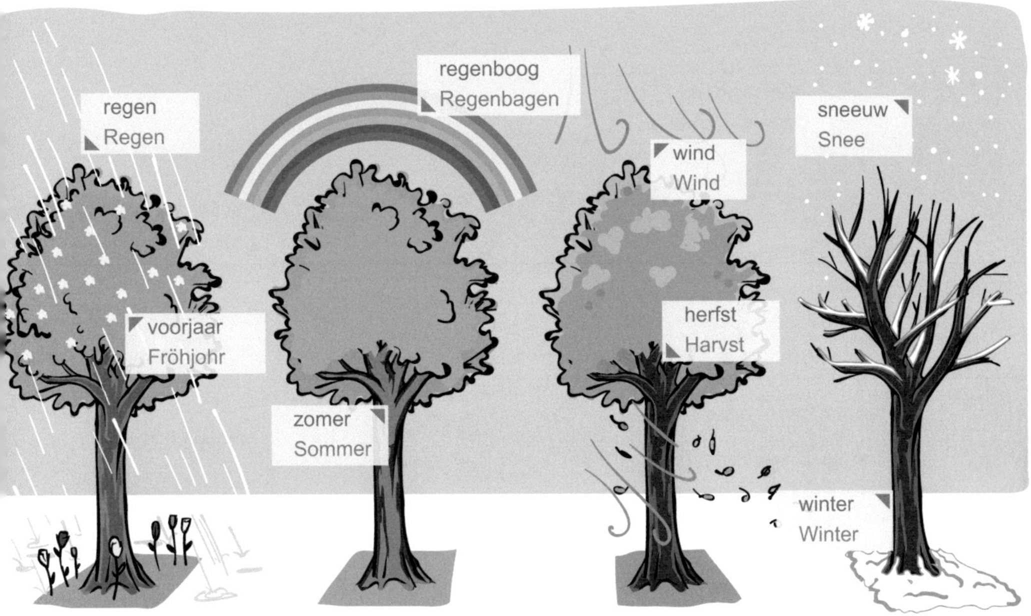

weerbericht
Wedervörhersaag

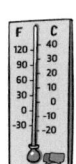

thermometer
Thermometer

zonneschijn
Sünnenschien

wolk
Wulk

mist
Nevel

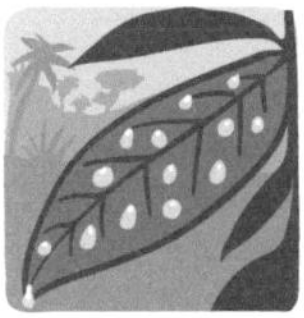

luchtvochtigheid
Luftfuchtigkeit

bliksem

Blitz

donder

Dunner

storm

Storm

hagel

Hagel

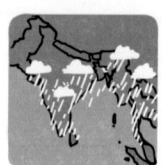

moesson

Monsun

overstroming

Floot

ijs

Ies

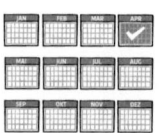

januari

Januormaand

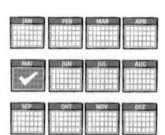

februari

Februormaand

maart

Martmaand

april

Aprilmaand

mei

Maimaand

juni

Junimaand

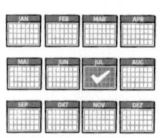

juli

Julimaand

augustus

Augustmaand

september
Septembermaand

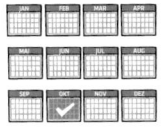

oktober
Oktobermaand

november
Novembermaand

december
Dezembermaand

cirkel
Krink

vierkant
Quadrat

rechthoek
Rechteck

driehoek
Dreeeck

bol
Kugel

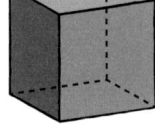

kubus
Wörpel

wit

witt

geel

geel

oranje

orangsch

roze

pink

rood

root

paars

lila

blauw

blau

groen

gröön

bruin

bruun

grijs

gries

zwart

swart

veel / weinig

veel / wenig

boos / rustig

böös / verdreeglich

mooi / lelijk

smuck / mies

begin / einde

Begünn / Enn

groot / klein

groot / lütt

licht / donker

hell / düüster

broer / zus

Broder / Süster

schoon / vies

schier / schietig

volledig / onvolledig

kumpleet / nich kumpleet

dag/ nacht

Dag / Nacht

dood / levend

doot / lebennig

breed / smal

breet / small

eetbaar / oneetbaar

geneetbor / nich geneetbor

gemeen / aardig

böös / fründlich

opgewonden / verveeld

fickerig / langwielt

dik / dun

dick / dünn

eerste / laatste

toeerst / toletzt

vriend / vijand

Fründ / Fiend

vol / leeg

vull / leddig

hard / zacht

hart / week

zwaar / licht

swoor / licht

honger / dorst

Smacht / Döst

ziek / gezond

krank / gesund

illegaal / legaal

nich na't Recht / na't Recht

intelligent / dom

klook / dummerhaftig

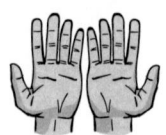

links / rechts

linkerhand / rechterhand

dichtbij / ver

neeg / feern

nieuw / gebruikt

nieg / bruukt

niets / iets

nix / wat

oud / jong

oolt / jung

aan / uit

an / ut

open / gesloten

apen / slaten

zacht / luid

lies / luut

rijk / arm

riek / arm

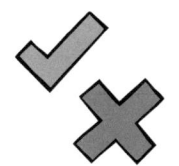

goed / fout

richtig / verkehrt

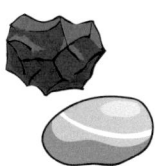

ruw / glad

ruug / glatt

verdrietig / gelukkig

trurig / glücklich

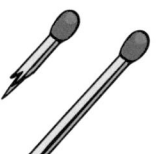

kort / lang

kort / lang

langzaam / snel

suutje / flink

nat / droog

natt / dröög

warm / koel

warm / köhl

oorlog / vrede

Krieg / Freden

0	**1**	**2**
nul	één	twee
null	een	twee

3	**4**	**5**
drie	vier	vijf
dree	veer	fief

6	**7**	**8**
zes	zeven	acht
söss	söven	acht

9	**10**	**11**
negen	tien	elf
negen	teihn	ölven

12

twaalf
twölf

13

dertien
dörteihn

14

veertien
veerteihn

15

vijftien
föffteihn

16

zestien
sössteihn

17

zeventien
söventeihn

18

achttien
achtteihn

19

negentien
negenteihn

20

twintig
twintig

100

honderd
hunnert

1.000

duizend
dusend

1.000.000

miljoen
million

Engels	Amerikaans Engels	Chinees Mandarijn
Engelsch	Amerikaansch Engelsch	Chineesch Mandarin

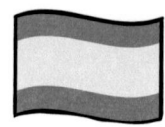

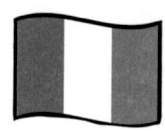

Hindi	Spaans	Frans
Hindi	Spaansch	Franzöösch

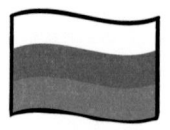

Arabisch	Russisch	Portugees
Araabsch	Rusch	Portugiesch

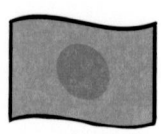

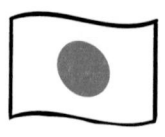

Bengalees	Duits	Japans
Bengaalsch	Düütsch	Japaansch

ik
ik

jij
du

hij / zij / het
he / se / dat

wij
wi

jullie
ji

zij
se

wie?
keen?

wat?
wat?

hoe?
woans?

waar?
woneem?

wanneer?
wannehr?

naam
Naam

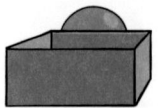

achter

achter

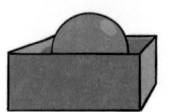

in

in

voor

vör

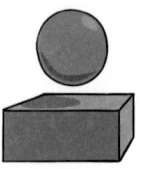

boven

över

op

op

onder

ünner

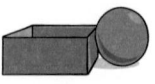

naast

blangen

tussen

twüschen

plaats

Oort